27
Ln 1/212.

ORAISON FUNÈBRE

DE

M. L'ABBÉ NOAILLES

(PIERRE-BIENVENU)

MISSIONNAIRE APOSTOLIQUE, CHANOINE HONOR. DE BORDEAUX
ET DE MONTPELLIER, COMMANDEUR DE L'ORDRE DE
CHARLES III D'ESPAGNE, FONDATEUR ET PREMIER
DIRECTEUR GÉNÉRAL DE L'ASSOCIATION
DE LA SAINTE-FAMILLE

Prononcée, le 8 Mars 1861, dans l'Eglise paroissiale de Sainte-Eulalie
de Bordeaux

PAR

M. L'ABBÉ SABATIER

Missionnaire apostolique, Chanoine honoraire de Bordeaux et de Viviers,
Professeur et Doyen à la Faculté de Théologie de Bordeaux,
Chevalier de la Légion-d'Honneur.

BORDEAUX
TYPOGRAPHIE Vᵉ JUSTIN DUPUY & COMP.
rue Gouvion, 20.

1861

Operatus est bonum et rectum et verum coram Domino Deo suo ; in universâ culturâ domûs Domini fecit et prosperatus est.

Il fit ce qui était bon, droit et vrai ; et tout ce qu'il entreprit pour le service de la maison du Seigneur lui réussit heureusement.

(2 Paralip., 31).

Mes Frères,

Qui de vous pourrait être surpris en m'entendant appliquer au prêtre vénérable, dont j'ai à vous présenter l'éloge, les paroles par lesquelles le Saint-Esprit célèbre l'activité religieuse et féconde d'Ezéchias.

Comme le prophète d'Israël, M. Noailles dévoua sa vie sacerdotale à ce qui était bon, droit et véritable ; et comme le Prophète aussi, il vit le succès couronner toutes les saintes entreprises que son amour de la maison du Seigneur lui inspira.

Ne sont-ils pas, en effet, riches de leur présent et de leur avenir ces établissements nombreux qui disent auprès et au loin, avec les sollicitudes incessantes de l'Eglise pour les besoins divers de notre pauvre humanité, la fécondité prodigieuse et salutaire du zèle qui les a créés ?

Mais, chrétiens, mes paroles vont-elles être à la hauteur du spectacle, si consolant pour notre foi et notre piété, auquel je vous convie? La tâche que j'accomplis en ce moment ajoutera-t-elle aux droits qu'a à vivre, dans nos respectueux et religieux souvenirs, celui dont je vais en quelques mots vous dire la vie si précieuse aux yeux de l'Eglise et à ceux de la société?

Quoiqu'il en soit, je ne pouvais laisser m'échapper l'occasion de payer publiquement un tribut de regrets, d'estime et d'affection à la mémoire d'un ami dont le cœur s'unit au mien, il y a vingt-huit ans, par des liens que, depuis lors, chaque jour n'a pu que resserrer et augmenter.

« Ce n'est point ici, vous dirai-je avec Bossuet, un de
» ces discours où l'on ne parle qu'en tremblant et où il
» faut plutôt passer avec adresse que s'arrêter avec assu-
» rance; où la prudence et la discrétion tiennent toujours
» en contrainte l'amour de la vérité! Je n'ai rien à taire,
» rien à déguiser; et si la simplicité vénérable d'un prêtre
» de Jésus-Christ, ennemi du faste et de l'éclat, ne pré-
» sente pas à nos yeux de ces actions pompeuses qui
» éblouissent les hommes, une foi ardente et un zèle
» éclairé nous inspireront des pensées plus dignes de
» cette chaire. Les autels ne se plaindront pas que le sa-
» crifice soit interrompu par un entretien profane; au
» contraire, celui que j'ai à vous faire vous proposera de
» si saints enseignements, qu'il méritera de faire partie
» d'une cérémonie si sacrée et qu'il sera non une inter-
» ruption, mais une continuation des mystères. » (1)

(1) Oraison funèbre du R. P. François Bourgoing.

La vie de M. Noailles nous offre trois époques bien distinctes : l'époque de son existence dans le siècle, celle consacrée au ministère paroissial, l'époque enfin qu'il a si fructueusement employée à la fondation et à la direction de l'association de la Sainte-Famille.

Ces dernières paroles vous font connaître, tout à la fois, l'ensemble et les parties distinctes de ce discours.

Excusez-moi, mes Frères, si je me donne, dans cette prédication exceptionnelle, l'auxiliaire inaccoutumé des pages sur lesquelles ma plume a tracé l'expression des pensées soumises, en ce moment, à votre religieuse et bienveillante attention. Pouvais-je, désireux d'en être esclave, compter sur la fidélité d'une mémoire que je n'ai jamais soumise à une telle épreuve? — De plus, c'est en plaçant ces lignes d'une manière permanente sous mon regard, que je peux prémunir efficacement mon intelligence contre les séductions de pensées nouvelles, et mon cœur contre les émotions d'une légitime sensibilité.

PREMIER POINT.

Une époque lugubrement mémorable venait de se lever pour la France. L'Eglise, dépouillée du diadème et du manteau de reine qu'elle avait reçus de nos pères pieux et reconnaissants, n'offrait plus aux regards attristés de ses rares enfants que la couronne et la robe ensanglantées du prétoire.

Tous les catholiques fidèles à leur foi, pontifes, prêtres et simples chrétiens, qui échappaient à la fureur des bourreaux, allaient dans les douleurs et les privations de l'exil conserver le feu sacré que quelques athlètes intrépides de la cause sainte entretenaient, cependant encore, sur le sol désolé de la patrie, mais dans le secret de leurs mystérieuses retraites.

Les temples qui proclamaient si haut et la gloire de l'art chrétien et les bienfaits de la civilisation évangélique, voyaient leurs sanctuaires souillés, lorsqu'ils ne s'affaissaient pas sous les coups redoublés du marteau destructeur d'une barbare impiété.

Bordeaux, cette ville aux mœurs si douces et aux habitudes si religieuses, n'échappa point à ces sacriléges excès. Elle eut ses ruines et ses scènes sanglantes ; et c'est peut-être au moment où un vénérable prêtre, traîné sur ses pavés, ouvrait en ces jours de deuil le martyrologe bordelais, que naissait un de ses enfants qui, plus tard, devait prendre une place d'honneur dans les rangs du clergé réparateur de tant de désastres, et qui, par l'effet d'une occurrence digne d'être citée, a rendu le dernier soupir dans la demeure même de l'abbé Langoiran, cet heureux martyr de la foi et de la sainte discipline.

C'est en effet le 27 octobre 1793, que naquit, d'une de ces familles dont une cité s'honore, Pierre-Bienvenu NOAILLES, Missionnaire apostolique, Chanoine honoraire de Bordeaux et de Montpellier, Commandeur de l'Ordre de Charles III d'Espagne, fondateur et premier directeur général de la Sainte-Famille.

Deux frères et autant de sœurs l'avaient précédé au foyer paternel; et la pieuse et féconde épouse, devait plus tard presser contre son cœur deux autres enfants qu'elle accueillit avec la joie, qui lui avait fait surnommer *Bienvenu* le cinquième fleuron de sa couronne maternelle.

Oui, il fut le bienvenu dans sa famille celui qui à jamais en sera la gloire! Oui, il fut le bienvenu pour tant d'âmes auxquelles son zèle a ouvert largement les voies de l'abnégation, du sacrifice et de la perfection! Oui, il fut le bienvenu pour tous ceux que la Providence a placés sur sa route ou sur celle des angéliques messagers de son zèle et de sa charité! Oui, vous fûtes le bienvenu pour moi, respectable et cher ami; pour moi que vous avez fait le confident de vos peines et de vos joies, de vos espérances et de vos craintes, pour moi qui ai trouvé tant de consolations et de bonheur à épancher mon âme dans la vôtre, si bonne, si droite et si vraie; car pour moi vous avez été, pendant de nombreuses et trop courtes années, ce que je me plais à dire que vous avez été pour tous : *Operatus est bonum et rectum et verum.*

Ce n'est point au sein maternel que s'attacheront les lèvres du nouveau-né. Pendant trois ans, il vivra loin de l'ange de piété que la Providence a préposé à sa garde; mais il trouvera dans la maison de sa seconde mère une affection vive, dont les effets s'étendront jusqu'à sa famille entière.

Son père nourricier, à l'époque de la disette, portera clandestinement à la famille Noailles tout le pain qu'il pourra soustraire aux regards cruellement vigilants d'une police sans pitié. — Ce fait, mes Frères, je le cite parce qu'il est héroïque; il est héroïque, parce que ce bon paysan n'ignorait pas que la conservation d'un pain, même pour les besoins du lendemain, pouvait conduire à l'échafaud.

Voyons maintenant comment la Providence, souvent mystérieuse dans ses voies, mais toujours sûre dans ses desseins, va faire arriver son élu jusqu'au vestibule du sanctuaire où il ne se présentera qu'à l'âge de vingt-trois ans.

Ne cherchons pas dans ces vingt-trois ans des marques nombreuses de religion et surtout de piété. Le jeune Noailles est à ses études, à ses projets qui varient souvent, et ce n'est d'ailleurs qu'à un âge tardif qu'il accomplira l'acte, si important dans la vie chrétienne, de la première communion. Aussi ne nous apparaît-il que comme un élève intelligent et studieux, et comme un jeune homme ardent que le monde séduit et qui, avec une inquiétude fiévreuse, demande au présent la route de son avenir.

La jeunesse d'alors n'avait point vu s'ouvrir, pour les besoins de son instruction, les établissements dont la Religion et l'Etat ont plus tard largement doté la France. Quelques maîtres improvisés donnèrent au jeune Bienvenu les premiers soins dus à l'enfance, soins que l'aptitude remarquable du petit élève ne tarda pas à rendre insuffisants.

L'instruction primaire, secondée par les plus heureuses dispositions, avait procuré au jeune Bienvenu un savoir précoce dont un employé supérieur de la préfecture, ami de sa famille, fut vivement frappé. Il conçut des espérances qu'il entreprit de réaliser : et dans ce but, il fixa près de lui son jeune protégé avec la pensée de diviser l'emploi de son temps entre les écritures salariées de l'administration et les leçons qu'il se proposait de lui donner.

Sous la direction de ce nouveau maître, le jeune Noailles fit les progrès les plus rapides. Jusqu'ici il n'a été convié qu'aux études littéraires, études pour lesquelles il montrera, même plus tard, plus de goût et d'aptitude que pour les études purement scientifiques.

Déjà, en effet, on remarquait dans Bienvenu une facilité merveilleuse à exprimer une idée, un sentiment surtout, avec une précision, une aisance et une grâce qui, en se perfectionnant, imprimeront à tout ce qui sortira de sa plume un double cachet de dignité modeste et de noble simplicité, s'alliant toujours avec la clarté la plus grande et la plus irréprochable exactitude.

C'est alors qu'on le vit, mettant à profit son amour pour la poésie, s'exercer avec un succès réel dans l'art qu'elle inspire. Ce goût ne le quittera jamais ; puisque nous le trouvons, dans les dernières années si laborieuses de sa vie, composant des cantiques dans lesquels il rappele à ses filles bien-aimées l'excellence et les devoirs de leur vocation.

Le jeune Noailles a atteint sa dix-septième année, et alors il comprend la nécessité d'études plus sérieuses et plus étendues. Tout d'abord il est confié à la sollicitude éclairée d'un docte et habile professeur qui a laissé trop de précieux souvenirs dans l'esprit et le cœur de ses nombreux élèves et qui a trop mérité de la religion, pour que je n'offre pas à sa mémoire, du haut de cette chaire, un salut d'honneur et de respect.

Des mains de M. Laterrade, Bienvenu passa dans celles des Révérends Pères Jésuites, alors chargés du Petit-Séminaire, où il fit sa seconde. C'est au Lycée impérial de Bordeaux qu'il demanda, en qualité d'externe, le complément de son instruction secondaire, en en suivant successivement les cours de rhétorique et de philosophie.

Quand la Providence appelle un homme à remplir une mission, elle en place souvent comme le germe dans le premier âge, mais dans des conditions qui échappent à l'œil de l'élu et qui le prédisposent, à son insu, aux œuvres qu'il doit accomplir. Pas plus que la nature, le monde moral ne nous offre de ces transitions totales semblables à de nouvelles créations. Les grandes vertus, comme les grands crimes, ont une racine éloignée dans l'âme humaine : elles naissent comme une semence presque imperceptible à l'origine, laquelle se développant peu à peu, finit par étouffer toute plante capable de nuire à son entier accroissement; et c'est alors que l'arbre donne ses fruits.

Déjà, en effet, le jeune Noailles se montre à nous repoussant toute activité, je dirai tout emploi de son temps et de son intelligence qui le laisserait dans les labeurs de l'isolement. — Une tendance bien marquée vers les associations éclate à chacun de ses actes un peu sérieux.

— A cette nature ardente et passionnée pour le mouvement, il faut déjà des voies larges et nombreuses, et je me hâte d'ajouter des voies dans lesquelles il conduit lui-même ceux qui répondent à son appel.

Il est des natures dont la force ne peut s'exercer que

dans l'organisation et le commandement. Ce sont les seules appelées aux grandes choses; mais si les auxiliaires qui doivent seconder leur activité font défaut, la vie se consume pour elles en projets dont la laborieuse stérilité devient trop souvent comme une tache à leur mémoire. Ces auxiliaires providentiels offriront à M. Noailles un secours tout aussi efficace qu'inattendu, lorsqu'il entreprendra les grandes œuvres auxquelles son nom est à jamais attaché.

En attendant, nous voyons le jeune Bienvenu, obéissant au besoin le plus impérieux de son âme, fonder diverses associations, à l'âge même où la légèreté semblait devoir être son unique partage.

Il fonde tout d'abord la société devenue à tant de titres chère à la religion, la société des Amis chrétiens, qui, sous la direction d'un digne prêtre (1) dont le nom vénéré est sur les lèvres de chacun de vous, devient plus tard une riche pépinière de vocations ecclésiastiques et une planche de salut pour tant de jeunes gens qu'elle a préservés du fléau de l'impiété et prémunis contre les séductions du monde.

Il aimait la poésie et cultivait la littérature. Seul il ne saurait en savourer les charmes; et tout aussitôt il s'entoure de jeunes gens de son âge pour des conférences littéraires qu'il réglemente et qu'il préside.

Un instant, il lui a paru que le barreau ouvrait les portes de son avenir; et le voilà réunissant pour des entretiens sur le droit et la jurisprudence les jeunes aspirants à cette carrière qui, comme lui, préludent à leurs

---

(1) M. l'abbé Dasvin.

études projetées, la plume à la main, dans les offices de la cité.

Cette perspective le fixa, pendant quelques années, auprès d'un avocat célèbre qui conserva à M. l'abbé Noailles l'affection qu'il avait vouée à son jeune clerc, à ce jeune clerc dont il avait fait comme son aide-de-camp, lorsqu'il s'arma pour la défense d'une cause qu'il devait plus tard servir de sa haute intelligence dans les conditions les plus élevées du pouvoir, et à laquelle son cœur est resté noblement fidèle jusqu'au dernier soupir. (1)

La France voyait alors se succéder des évènements qui nous étonnent encore. Le géant qui avait si puissamment commandé aux flots tourmentés des passions populaires descendait les marches du trône, après avoir couronné de gloire le nom français, pour faire place à l'héritier des anciens rois de France. Bienvenu prit une large part à l'enthousiaste élan du 12 mars.

Bientôt le trône royal est menacé. Comme bien d'autres, le jeune Noailles arme volontairement son bras pour le défendre. — Stérile dévouement! L'aigle qui avait plané victorieuse sur l'Europe entière avait repris son essor; et des lieux où de trop confiants vainqueurs la croyaient captive, elle s'élançait vers la capitale, qui ne devait lui offrir qu'une courte halte sur la voie d'un second et plus long exil.

Le jeune Noailles a atteint l'âge de vingt-et-un ans, et il n'est point encore fixé sur son avenir. Ses fluctuations permanentes sont un sujet d'afflictions pour ses pa-

(1) M. le comte de Peyronnet, ministre de Charles X.

rents qui s'en alarment et lui adressent de tendres, mais sévères reproches. — Un jour, pressé par les instances et touché par les supplications de sa mère, il se précipite à son cou et lui dit : Ma mère, je serai prêtre. — Prends en donc le chemin, lui répondit cette mère désolée.

Oui, mère chrétienne, votre fils prend le chemin du sanctuaire; mais ce chemin a encore pour lui des détours ! — Oui, Dieu l'attachera au service de ses autels, ce fils dont vous avez salué avec amour la naissance. C'est de sa bouche, qu'au moment où les portes de l'éternité s'ouvriront devant vous, vous entendrez les dernières paroles de l'espérance chrétienne : et ce sera sa main filiale qui s'élèvera à ce moment suprême pour vous assurer, au nom du Dieu des miséricordes dont il sera devenu le ministre, les garanties consolantes d'un souverain pardon !

Ah ! si vous connaissiez toute l'étendue du travail salutaire qui s'accomplit dans son âme, vous vous préoccuperiez moins tristement de ses irrésolutions.

Le jeune Noailles allait se convainquant, chaque jour davantage, que le monde ne pouvait lui offrir une position qui répondît aux exigences de son caractère et aux besoins de son activité. Après cette laborieuse épreuve, il quittera le sentier tortueux jusque-là parcouru péniblement et sans succès, et nous le verrons demander au sacerdoce la voie bonne, droite et vraie où il utilisera les richesses de son intelligence et de son cœur.

C'est à ce séjour prolongé et éprouvé dans le monde, que nous devons, après la grâce de Dieu, rattacher la connaissance si parfaite qu'il avait du cœur humain ; connaissance précieuse qui lui permettait de placer, dans les discussions les plus élevées, une de ces appréciations que le génie ne trouve pas toujours et qui offrent l'application, malheureusement trop rare, parce qu'elle est difficile, des règles d'une sage et prudente tolérance aux droits immuables de la vérité.

En 1846, M. Noailles avait vingt-trois ans ; et à cette époque, il obtient de sa famille la permission de faire le voyage de Paris. On pensait qu'il allait s'occuper sérieusement de suivre les cours de l'école de Droit.

Dans la voiture qui le porte prend place un ami que les mêmes affections politiques lui avaient fait connaître et justement apprécier. Cet ami est un capitaine d'artillerie qui joint à la bravoure du soldat français la valeur moins commune du soldat chrétien. Le même hôtel les reçoit à leur arrivée dans la capitale, et la même table les réunit, chaque soir, au retour des courses que chacun d'eux fait pour assurer le succès de son voyage.

M. Noailles cherche des juges de sa vocation. Ils ont parlé. Alors il annonce à son compagnon de route que, dès le lendemain, il entre au Séminaire de Saint-Sulpice.

Quelques jours après, cet ami quittera l'épée qu'il a noblement et chrétiennement portée, et viendra à son tour frapper à la porte de cet asile justement célèbre et vénéré de la vertu sacerdotale et de la science ecclésiastique.

Tous deux reviendront plus tard offrir à l'Eglise dont ils sont les enfants, les fruits de leur vocation et de leur zèle. L'un des deux est encore dans les rangs de l'Eglise militante, tantôt en vaillant capitaine sur les remparts de la citadelle sainte, tantôt en pasteur vigilant dans les pâturages où paissent les brebis fidèles, et tantôt en apôtre dans les bois de l'erreur, cherchant celles qui se sont égarées. (1)

La grâce a donc obtenu une victoire complète sur l'esprit et le cœur du jeune Noailles. Il a quitté le monde où les qualités, qui le distinguent, lui auraient assuré une position qui n'eût point été sans honneur; et nous le voyons voué, dans la retraite du séminaire d'Issy, à la double étude de la science et de la vertu sacerdotales.

Pour tous, maîtres et élèves, il est par son exactitude scrupuleuse à accomplir le règlement, un sujet d'édification.

Après deux ans de séjour dans la pieuse solitude d'Issy, M. l'abbé Noailles est appelé au séminaire de Paris, où il est associé à la portion choisie des jeunes lévites, chargés des grands catéchismes dans la paroisse de Saint-Sulpice; intelligente et précieuse institution qui a permis et permet encore à d'habiles directeurs d'initier avec sécurité à la science et à l'art de la prédication des orateurs qui ont rempli ou rempliront le ministère sacré de la parole, avec un succès consolant pour la religion et flatteur pour leur mémoire.

L'abbé Noailles est ordonné prêtre après trois ans de séminaire; et tout aussitôt le zèle de la gloire de Dieu et de la conversion des âmes saisit son cœur. La faucille

---

(1) M. l'abbé Charrier, ancien curé de Libourne et ancien chanoine titulaire.

sainte à la main, il tourne ses regards vers les contrées encore privées du bienfait divin de l'Evangile. Il fait part de ces dispositions au guide de sa conscience qui, tout en louant ses évangéliques projets, veut qu'il les mûrisse et qu'à cet égard il se soumette, avec la plus entière docilité, aux conseils de son évêque.

Cet évêque, quel est-il?—Permettez-moi, mes Frères, de m'arrêter un instant devant cette solennelle et sainte figure, digne des plus beaux jours de l'héroïsme chrétien. C'était le pontife dont les pieds apostoliques ont laissé d'impérissables traces sur les montagnes et dans les vallées près desquelles j'ai reçu le jour. C'était le pontife qui m'apparaissait dans les années de mon enfance et de ma première jeunesse comme le type de l'évêque selon le cœur de Dieu, et dont j'aimais à entendre raconter les périlleuses et laborieuses courses sous le vêtement du mendiant ou du charbonnier.

Bordeaux apprécia, apprécie, appréciera toujours la faveur que le ciel lui fit, lorsque à la suite des glorieuses épreuves de l'Eglise de France, il lui destina ce digne pasteur, le plus propre peut-être à relever l'empire de la foi et l'autorité de la discipline.

Puisse le religieux respect qui glorifie sa mémoire s'accroître encore! Puisse sa tombe vénérée, malgré les déplorables défaillances de notre époque, voir s'agenouiller près d'elle un plus grand nombre de fidèles, confiants en la puissante intercession de ceux qui, après avoir légitimement combattu, sont entrés en possession de l'éternelle récompense!

Sous une pierre froide, dans les obscurités profondes

du tombeau repose encore la dépouille mortelle de cet héroïque confesseur de la foi. Un jour, à la voix de l'Eglise, elle en sortira resplendissante des feux de l'auréole céleste. C'est mon vœu; c'est mon espérance!

Mgr d'Aviau va-t-il autoriser le jeune prêtre à prendre son apostolique essor vers les régions infidèles? Non. Le vénérable pontife semble prévoir que cet évangélique ouvrier est le bien venu dans le sein du bercail confié à sa sollicitude pastorale. N'a-t-il pas, d'ailleurs, à lui montrer les moissons abondantes qui, sur le sol de son immense diocèse, ont blanchi sous les ardeurs brûlantes du soleil des orages?

M. Noailles entre dans le saint ministère; et après la révocation d'une nomination qui l'appelait à exercer les fonctions de vicaire dans la paroisse de Notre-Dame de Bordeaux, il vient en la même qualité dans celle de Sainte-Eulalie.

C'est donc, mes Frères, dans l'église qui nous réunit en ce moment sous ses antiques et élégantes voûtes, que, jeune prêtre, M. Noailles débuta dans le ministère auguste du sacerdoce. C'est aux pieds de l'autel où il offrait le saint sacrifice de la messe qu'il avait participé pour la première fois au banquet divin; mais ce ne sont pas les seuls liens qui en rendent la mémoire précieuse pour cette paroisse. C'est dans ses limites qu'ont pris naissance les œuvres qu'il a fondées, et que se trouve encore aujourd'hui le centre qui communique à l'immense association de la Sainte-Famille le mouvement et la vie. C'est, de plus, dans la paroisse de Sainte-Eulalie qu'il a rendu le dernier soupir

Suivons le nouveau vicaire de Sainte-Eulalie dans l'exercice de son ministère. Je le vois occupant cette même chaire et distribuant aux fidèles qui l'entouraient un enseignement évangélique, écouté toujours avec plaisir et souvent avec une pieuse émotion. — Je le vois auprès du lit des malades dont il console les derniers instants avec une sollicitude touchante. — Je le vois dans les humbles réduits de la pauvreté où il se dépouille, pour diminuer la détresse qui y règne, de tout ce dont il peut disposer. — C'est là qu'on trouvera déposés, à la faveur des voiles de la nuit, et ses linges personnels et les matelas de sa couche.

Ceux qui l'ont alors connu savent que les membres de sa famille durent lui assurer, en l'associant à leur table, le pain de chaque jour, et combattre par des réserves, prises sur ses ressources mensuelles, la prodigalité pieuse qui le faisait manquer de tout.

Les caractères sacrés du sacerdoce chrétien sont nombreux; mais celui, entre tous, qui commande le plus de respect aux yeux des masses, et qui lui assure sur elles le plus de puissance, c'est le dévouement du prêtre à la classe laborieuse et souvent indigente de la société.

Oh ! que nous aimons à surprendre le vicaire de Sainte-Eulalie dans quelques-uns des actes nombreux qui attestent sa tendre et ardente sollicitude pour les pauvres. J'entre dans l'humble demeure qu'il s'est choisie. Trois pièces modestes la composent. La plus modeste est devenue sa part personnelle ; tandis que les deux autres sont occupées, l'une par un paralytique, l'autre par un hydropique.

Voyez-le encore frappant à toutes les portes des rues

de la paroisse pour y recevoir, au nom des pauvres dont il s'est fait le frère quêteur, tout ce que la charité qu'il invoque lui offre, et le déposer dans la voiture qui le suit.

Le zèle sacerdotal doit-il s'arrêter aux besoins de la vie matérielle? N'y a-t-il pas dans le pauvre une autre vie dont les intérêts plus précieux sont souvent compromis au moins à l'égal de ceux de la santé du corps? L'âme a aussi son pain, et de ce pain qui est la parole de Dieu, le prêtre n'est-il pas le dispensateur officiel et obligé?

C'est pour répondre plus efficacement aux nécessités de cette double indigence que l'abbé Noailles forma une association composée des mendiants de la ville, et à cette association il donna des règlements que Mgr d'Aviau approuva. Cette approbation lui fut notifiée en des termes que vous me permettrez de reproduire, par un des vicaires-généraux dont beaucoup d'entre nous n'ont certes point oublié et le mérite sacerdotal et les qualités aimables. (1)

« J'ai lu avec intérêt et grand plaisir votre plan et vos
» excellentes vues pour ramener et fixer nos pauvres
» mendiants. Elle sera donc accomplie cette œuvre que
» j'ai tant désirée. Monseigneur, à qui je l'ai communi-
» quée, vous en établit le Directeur et le Chef. Il la bénit;
» il m'en parle tous les jours. J'y réclame la petite part
» que vous voudrez bien m'y donner. »

Cette association fut plus tard rendue impossible par les mesures administratives qui ne tardèrent pas à être

---

(1) M Barrès, successivement grand vicaire de Mgr d'Aviau, de S. E. le cardinal de Cheverus et de S. E. le cardinal Donnet.

prises par l'autorité civile; mais alors qu'elle fonctionnait encore, le jeune directeur put à la tête de ses mendiants s'associer au cortége qui accompagna, dans les rues de Bordeaux en deuil, la vénérable dépouille du pontife qui avait béni ses premiers travaux, et qui, lui aussi, laissait à tous l'exemple touchant de l'amour des pauvres porté jusqu'à l'héroïque oubli des exigences les plus impérieuses de sa position.

Alors, mes Frères, la paroisse de Sainte-Eulalie s'étendait sur une partie de la banlieue dont les habitants n'avaient pu encore être arrachés aux habitudes d'indifférence religieuse, conséquence naturelle des jours mauvais et douloureux que la France avait traversés.

Partageant avec un de ses collègues (1) la mission ouverte de ce côté-là au zèle des prêtres de la paroisse, on le vit à son tour, une cloche à la main, diriger ses pas vers cette contrée délaissée. — Les habitants qui n'ont point oublié leur zélé vicaire montrent encore l'arbre, jusqu'ici respecté, au pied duquel s'improvisait la plus modeste chaire, et du haut de laquelle il instruisait les hommes, qui, pour l'entendre, suspendaient les travaux des champs, et les femmes, qui, dans le même but, s'éloignaient un instant des bords du ruisseau, théâtre de leur traditionnelle industrie.

Ne sont-ce pas ces dignes prêtres qui montrèrent la voie du quartier du Tondu à cette pieuse cohorte de chrétiennes qui, sous la conduite d'une fille de foi, de piété et de dévouement, (2) partant de cette même paroisse vint

(1) M. Laborde, curé de Blanquefort.
(2) Mlle Lepreux.

y établir, avec un hospice pour les vieillards, un sanctuaire dont la présence a exercé sur les habitants une influence heureuse pour la foi et les mœurs chrétiennes?

Je paie ce tribut d'éloges au zèle qui anime ces pieuses associées, avec d'autant plus d'empressement et de justice, qu'elles y ont acquis des droits nouveaux en portant leur charitable activité jusqu'à l'héroïsme que commandent les soins à donner aux épileptiques, dont elles se sont faites les généreuses infirmières.

Ce que je dois surtout signaler, c'est le zèle avec lequel l'abbé Noailles continua, dans la paroisse de Sainte-Eulalie, les fonctions de catéchiste, que, simple lévite, il avait remplies dans l'église de Saint-Sulpice ; utile ministère qui n'ajoute pas, pour les pasteurs qui en font l'objet de leur zèle, des fatigues à la hauteur des consolations qu'ils en retirent.

Elle est en effet bien utile cette instruction qui offre à la jeunesse une nourriture plus substantielle que celle reçue dans les années de l'enfance, et qui prédispose efficacement son intelligence à l'enseignement plus étendu que les besoins de l'âge mûr réclameront à leur tour.

Bientôt l'habile catéchiste comprit que le cœur de ses auditrices, qui chaque semaine se montraient plus nombreuses, s'animait d'une ardeur croissante pour la pratique des vertus chrétiennes. Alors, il leur proposa de former comme une confrérie ou association, dont le double but fut de faciliter, pour chaque membre, son avancement dans les voies du bien, et d'assurer en même temps à toutes les bonnes œuvres existantes une assistance plus intelligente, plus régulière et plus efficace.

Ce projet ayant été approuvé par l'autorité ecclésiastique, des règlements furent faits, et ces règlements, aussi nombreux que les branches ou catégories créées par l'âge, la position sociale et l'aptitude personnelle, dénotent déjà cette largeur de vues dont les évènements qui vont suivre offriront l'étonnante expression.

C'est à cette époque que Mgr d'Aviau désira atttacher à l'administration diocésaine, en qualité de secrétaire de l'Archevêché, l'abbé Noailles, qui fit accepter par Sa Grandeur un respectueux refus. Ce refus fut doublement heureux ; puisqu'en laissant à celui qui le faisait la liberté, dont il s'est si heureusement servi, il entr'ouvrait la voie administrative à un prêtre qu'une haute valeur signalait déjà à la confiance de son évêque, et qui depuis lors n'a fait qu'ajouter chaque jour aux droits qu'il a à la considération respectueuse dont l'entoure le clergé de ce diocèse, tout à la fois reconnaissant et juste appréciateur de ses vertus sacerdotales et de son sérieux savoir. (1)

Nous venons de parcourir rapidement les voies suivies par M. Noailles pour arriver à son immolation sacerdotale. Sa fidèle correspondance à la grâce de sa vocation, dans l'exercice du saint ministère, nous a révélé toute la générosité de son âme et fait comme pressentir les grandes œuvres auxquelles il va consacrer désormais son existence, œuvres qui ont assuré à sa mémoire un respect et une gratitude dont je me sens heureux et honoré, je le répète, d'être devant vous le sincère interprète et l'affectueux écho.

(1) M. Gignoux, successivement vicaire général de S. Em. le Cardinal de Cheverus et de S. Em. le Cardinal Donnet, chevalier de la Légion-d'Honneur.

DEUXIÈME POINT.

Sous la conduite de leur sage directeur, les pieuses congréganistes de Sainte-Eulalie, qui toutes vivaient au sein de leurs familles, s'occupaient de leur propre sanctification et des œuvres de la charité chrétienne; lorsque trois d'entre elles, se sentant appelées à pratiquer, avec plus de perfection et loin du monde, les conseils évangéliques, s'en ouvrirent au guide de leur conscience.

M. Noailles vit dans ces vocations inattendues une éventualité pour la réalisation des pensées qu'il avait portées plusieurs fois aux pieds de Notre-Dame de Lorette, vénérée dans la chapelle du séminaire d'Issy. Aussi après les mûres réflexions que la prudence commandait, il autorisa ses trois ferventes pénitentes à se réunir en communauté.

La fondation de cette première maison de l'association de la Sainte-Famille fut faite le 19 mai 1820.

Laissons un instant, mes Frères, ces trois fondatrices dans l'humble et étroite habitation qu'elles se sont choisies. Ne leur demandons pas ce qu'elles projettent ou du moins l'œuvre à laquelle elles vont se dévouer. — La Providence saura fournir un aliment à leur zèle. — Ce grain de senevé qui vient d'être confié au champ fertile de l'Eglise, ne tardera pas à produire une tige vigoureuse que couronneront de nombreux rameaux, tous également fertiles en fruits d'édification.

Mais avant de constater ce développement prodigieux et de dire la part abondante qui en revient à M. Noailles, arrêtons un instant notre pensée sur la situation que l'Eglise fait dans son sein aux institutions religieuses parmi lesquelles l'association de la Sainte-Famille vient prendre un rang distingué. (1)

Les communautés religieuses ont dans tous les temps excité d'une manière particulière la haine et les sarcasmes des ennemis de la foi. Hélas! que ne m'est-il permis de dire qu'aucune d'elles n'a eu ses déplorables défaillances. Mais quel est l'homme sage qui peut en être surpris? Doit-on, en effet, s'attendre à trouver toujours la perfection du Ciel dans des institutions dont les éléments sont nécessairement empruntés à la terre.

D'ailleurs, l'Eglise n'a-t-elle pas toujours pourvu aux utiles réformes que commandaient et l'affaiblissement constaté de l'esprit primitif, et les besoins de temps nouveaux? — C'est ainsi qu'elle a assuré dans le cours des siècles l'influence qu'étaient appelées à exercer ces institutions qui ne sont pas pour elle une superfluité pieuse, mais bien une des conditions de l'entier accomplissement de sa mission divine.

Les institutions religieuses se montrent à nous, dans la suite des siècles chrétiens, sous des formes nombreuses et toujours avec deux caractères essentiels qui les divisent en deux catégories bien distinctes.

La première catégorie, à laquelle est restée la cano-

---

(1) J'ai cru devoir analyser la législation de l'Eglise concernant les congrégations séculières, parce qu'il m'a paru que cette partie de sa discipline est souvent ou complètement ignorée, ou imparfaitement connue.

nique qualification d'*Institut religieux*, se compose des associations dont les membres sont liés à une œuvre commune par des vœux solennels, vœux que le Souverain-Pontife peut seul autoriser, ou, en d'autres termes, que seul il peut rendre tels.

Quant à la seconde, elle se compose des associations qui réunissent des fidèles de l'un ou de l'autre sexe, sous l'autorité d'une règle commune, et accidentellement sous celle de vœux simples. Je dis accidentellement sous celle de vœux simples; parce que leur condition d'être vis-à-vis de l'Eglise reste la même, soit qu'il y ait absence de tout vœu, soit que des vœux simples, perpétuels ou limités, soient faits. — Ces associations portent communément le nom de *Congrégations séculières*.

Les Congrégations séculières sont soumises à toutes les lois disciplinaires que l'Eglise a faites pour les Instituts religieux; et cela sur tous les points qui ne sont pas exceptés par le droit. On comprend aisément que l'Eglise n'a pas pu abandonner aux caprices du hasard, au zèle inconsidéré d'un fondateur sans mission, aux illusions de l'ignorance, aux préjugés de l'orgueil et à l'amour de la nouveauté les intérêts religieux que ces institutions représentent à un degré plus élevé que celles dont les membres sont, loin des regards humains et hors de tout contact avec le monde, ensevelis sous l'œil de Dieu et de ses anges, dans les mystérieuses retraites d'une solitude ou d'un cloître.

Donc, pour être légitimes catholiquement, les associations séculières, quel qu'en soit le but, doivent appartenir à l'Eglise, source unique de la vie spirituelle, par la soumission à ses lois ; dès-lors, par la soumission à l'évêque, leur ordinaire, dans les limites prescrites par les règlements disciplinaires qui les régissent.

La dépendance des Congrégations séculières à l'égard de l'évêque, leur supérieur, ne les soustrait pas d'une manière absolue à l'autorité du Souverain-Pontife. Il appartient au chef suprême de l'Eglise de leur donner l'approbation définitive; alors surtout qu'elles doivent étendre leur action au-delà des limites du diocèse où leur berceau existe.

Or, cette approbation du Saint-Siége a comme trois degrés dont sa sagesse ne se départ pas, depuis la célèbre bulle de saint Pie V, qui prononça la dissolution de toutes les congrégations séculières alors existantes.

Pour les congrégations séculières de femmes, le Saint-Siége procède ainsi. C'est d'abord une bénédiction accordée à un projet jugé utile : vient ensuite un encouragement récompensant les premiers succès. Quelquefois cet encouragement revêt le caractère d'une approbation générale; mais cette approbation, en tant qu'elle atteint les règles ne garantit qu'une chose, c'est qu'elles ne sont point en opposition avec les préceptes divins et les commandements de l'Eglise.

Qant à l'approbation proprement dite des règles, le Souverain-Pontife ne la fournit que lorsque le temps en a consacré les prescriptions, et que d'ailleurs elles sont, à la suite de l'examen fait par la Sacrée Congrégation investie de cette mission, trouvées ou mises en harmonie avec les lois générales sur la matière.

M. Noailles se présentait sur le terrain des luttes évangéliques à une époque où le sacerdoce, absorbé par les travaux multipliés d'un ministère tout d'action, n'avait pu reprendre toutes les traditions du passé et s'inspirer des règlements qui disciplinent la sainte milice. Cependant il comprit que son œuvre exigeait d'autres garanties que celles offertes par son zèle, quelque pur qu'il fût.

Il se hâta en conséquence de demander à l'obéissance sacerdotale, avec la preuve de l'utilité de son entreprise, le cachet de sa légitimité. Rien donc ne fut commencé par lui qu'avec les encouragements et les bénédictions de l'évêque son supérieur, comme tout résultat heureux en reçut sa solennelle consécration.

C'est ainsi, mes Frères, que les œuvres que M. Noailles a fondées sont aussi celles des trois archevêques qui se sont succédé sur le Siége de Bordeaux pendant les quarante années qu'il y a consacrées.

Mgr d'Aviau avait béni à sa naissance la semence sainte. Sous son successeur, l'arbre, qui avait grandi, présentait aux regards surpris et édifiés de tous, trois branches vigoureuses dont les enfants du sexe, dans toutes les conditions sociales, pouvaient recueillir les fruits. C'était la branche des sœurs de Lorette, offrant d'habiles maîtresses aux jeunes élèves de leurs pensionnats; c'était la branche des sœurs de Saint-Joseph, recueillant les orphelines pour se donner à elles comme de secondes mères; c'était enfin la branche des sœurs de la Conception-Immaculée de Marie, se dévouant à la direction des salles d'asile et des écoles élémentaires au sein des campagnes.

Tout à coup apparaît sur ce même tronc une quatrième branche, comme entée de la main d'un Pontife. cette branche est celle des sœurs de l'Espérance ou des garde-malades à domicile. — Mgr de Cheverus appelait de ses vœux une institution dont les membres, en portant à des malades, au sein de leurs familles, des soins intelligents et assidus, deviendraient auprès des mourants les auxiliaires de la sollicitude des pasteurs. Sa Grandeur en fit la proposition à M. Noailles, qui, en présence des instances réitérées du prélat, accepta la responsabilité d'une œuvre dont les difficultés de plus d'un genre avaient tout d'abord intimidé son zèle.

Combien il eut plus tard à bénir Dieu d'avoir obtempéré aux désirs de son évêque, alors qu'il put compter les âmes nombreuses pour lesquelles les sœurs garde-malades ont été plus que des anges d'espérance, puisqu'elles ont été pour elles les messagers de la foi et de la charité qui sauvent!

Combien à son tour la Sainte-Famille devra à jamais se montrer flattée et heureuse de compter parmi ses fondateurs un archevêque illustré par ses douces et aimables vertus et dont le nom, grandi par la pourpre romaine, restera à l'Eglise de Bordeaux comme un lot impérissable d'honneur et de gloire!

En se développant, l'arbre poussa des racines plus profondes; et dans son abondance de vie, il ne tarda pas à se couronner de trois nouvelles branches qui représentent moins des œuvres nouvelles qu'un complément d'organisation réclamé par celles existantes.

Les sœurs converses, dont la coopération était déjà assurée à chacun des établissements existants, sont réunies sous une même règle et placées sous le patronage de sainte Marthe. — Filles de labeur, elles porteront avec édification leur sollicitude active dans les infirmeries et les lingeries de nos établissements d'instruction publique.

La grande utilité d'orphelinats agricoles se faisait sentir. La sœur Agricole reçoit, avec la mission de les diriger, celle de seconder la sœur de la Conception dans la direction des écoles de la campagne.

Enfin, dans le nombre toujours croissant des associées, il s'en trouve que Dieu appelle, par l'effet d'une vocation toute spéciale, à la vie plus calme de la méditation et de la prière. Un asile, protégé par la clôture, leur est assuré. La sœur solitaire, placée comme sur la montagne, attire par ses ferventes et permanentes prières les bénédictions du ciel sur ses nombreuses compagnes, exposées dans la plaine aux fatigues et aux dangers du zèle extérieur.

C'est cette dernière fondation qui clôt la riche série des œuvres dont M. Noailles est le fécond et habile créateur.

Ici encore, mes Frères, nous trouvons la main d'un pontife se levant pour bénir, encourager et approuver, la main d'un prince de l'Eglise dont le plus petit hameau de ce diocèse dit et redira longtemps l'activité apostolique, et qui, par sa sollicitude pour la propagation des institutions religieuses et par son zèle pour l'honneur et l'édification de la maison de Dieu, assure à sa mémoire l'hommage largement mérité d'un immortel souvenir.

En multipliant autant pour les membres de son association les travaux de leur pieuse activité, M. Noailles a-t-il fait une chose inusitée dans l'Eglise? — Evidemment non? — N'est-ce pas, en effet, la condition d'être de toutes les congrégations séculières dont la France, en particulier, recueille abondamment les prodiges de dévouement et de charité? Cette condition d'être ne s'explique-t-elle pas d'ailleurs suffisamment par les avantages nombreux qu'elle offre à ces associations qui peuvent ainsi, en étendant leur salutaire mission, utiliser par un aliment nouveau une vocation ébranlée, une zèle fatigué?

Sur un point seul, l'association de la Sainte-Famille se distingue des autres institutions du même genre. — A chaque œuvre un nom est donné, et tous les membres qui s'y dévouent ont un costume particulier. — Ces dispositions, entièrement accidentelles, ne détruisent pas l'unité fondamentale de l'association; et le jour où ces distinctions, qu'il serait facile de légitimer, cesseraient de paraître opportunes, elles disparaîtraient sans que rien d'essentiel fût changé dans les buts à atteindre et dans les moyens pris pour les réaliser.

Les motifs dont M. Noailles s'inspirait étaient puisés à des sources trop pures, pour qu'il ne comprît pas la légitime et puissante influence qu'une approbation émanée du chef de l'Eglise exercerait sur le succès de ses religieuses entreprises. — Aussi le voyons-nous, en 1844, aux pieds de Grégoire XVI, sollicitant de Sa Sainteté le renouvellement de la bénédiction qui déjà était descendue des mains augustes et paternelles de Léon XII.

C'est à cette époque que nous pouvons le suivre du tombeau des saints apôtres au sanctuaire justement vénéré de Notre-Dame de Lorette, dont le culte avait fait éclore dans son cœur les projets qu'il réalise.

En ce moment, mes Frères, nos pensées nous transportent aux pieds de la sainte montagne couronnée par le sanctuaire célèbre de l'Auguste Reine du ciel et de la terre. Saluons de notre respect et de notre amour ces vallées désormais célèbres. Un jour, le pieux pélerin y sera convié à une halte par un monument sur lequel il lira, l'âme profondément émue : Ici sont morts, de la mort des héros, les défenseurs d'une cause juste et sainte.

Dix ans plus tard, une troisième députation de la Sainte-Famille s'acheminait vers la ville éternelle. Elle se composait du fondateur, de deux des premières supérieures et de moi, à qui l'occasion se trouvait ainsi offerte de visiter, pour la quatrième fois, le centre immaculé de ma croyance.

Permettez, mes Frères, à celui qui, seul, reste de cette pieuse caravane, de vous associer rapidement aux émotions tantôt consolantes, tantôt douloureuses, que l'aspect de la capitale du monde chrétien nous inspirait.

Non! nous ne nous considérions pas comme étant en Italie, quand nous eûmes franchi les portes de Rome. Nous savions bien que tout ce qui constitue essentiellement, matériellement une ville lui a, depuis des siècles nombreux, imprimé le caractère d'une cité neutre, d'une cité sainte et universelle comme la foi dont elle possède l'impérissable flambeau. Une ville n'appartient-elle pas à ceux qui, de leurs deniers, en ont relevé les murs et édifié les monuments? — Rome est donc la propriété du catholicisme.

Y a-t-il, d'ailleurs, une seule portion de la terre, renfermée dans son enceinte sacrée, qui ne proclame bien haut, avec les combats et les gloires de la foi, le droit que l'Eglise a de la posséder à jamais?

En en parcourant les rues, nous aimions à nous arrêter devant les monuments nombreux, dont chacun est une page solennelle des archives de la religion chrétienne; et nous nous demandions avec tristesse ce que deviendraient tous ces édifices religieux sous la main d'un pouvoir séculier, non seulement impuissant à en perpétuer la destination sacrée, mais encore, forcément, peu soucieux d'en protéger les pierres contre l'empire destructeur du temps.

Hélas! disions-nous encore, s'écoulerait-il bien des années, du jour où le drapeau pontifical cesserait de les protéger à celui où, pour cause d'utilité publique, l'immense majorité de ces temples catholiques tomberait sous le marteau d'une démolition officielle, si déjà le marteau plus prompt de l'impiété ne les avait fait disparaître.

Les craintes que nous concevions alors et qui tant de fois vinrent affaiblir le charme de nos pieuses jouissances n'étaient-elles pas fondées?

La tempête dont les mugissements, quoique lointains encore, attestaient la fureur, s'arrêtera-t-elle impuissante aux portes de cette cité, après avoir produit tant de désastres qui confondent la raison et affligent la justice?

Le monde civilisé, plus éclairé qu'il ne paraît l'être, laissera-t-il profaner son berceau? Les gouvernements catholiques seront-ils impuissants pour empêcher une aussi sacrilége spoliation?

Ce sont les secrets du ciel; mais pourquoi n'espérerions-nous pas que les jours de la colère seront abrégés par tant de prières ferventes et que les soldats de la

France, sentinelles avancées et fidèles du catholicisme, continueront à veiller sur ce dépôt sacré jusqu'au jour de sa suprême sécurité.

Non! non! pour l'honneur de l'humanité et pour la gloire de la religion, Rome ne cessera pas d'être tout à la fois la patrie des arts, le sanctuaire sans tache des sciences et des lettres, le berceau vénéré de la civilisation et le centre respecté et aimé du catholicisme.

Si cependant les jours d'épreuve devaient se prolonger, si nos douleurs devaient s'accroître, si nous étions destinés à suivre d'un œil inondé de larmes les plus légitimes notre Chef auguste, notre père bien-aimé promenant le bâton de l'exilé loin de la ville de Pierre, ah! alors, sous la couronne d'épines qui ceindrait son front, sous le vil manteau qui couvrirait ses épaules, nous proclamerions encore en lui, et dans un plus grand élan d'amour, le représentant visible et infaillible de Jésus-Christ sur la terre.

Sa Sainteté Pie IX accorda en cette circonstance à la Sainte-Famille les encouragements les plus affectueux; et les plus larges priviléges attestent tout le prix que Sa Sainteté attachait aux œuvres dont elle est l'âme.

Il y a quelques mois à peine que la grande victime du Vatican faisait parvenir à M. Noailles une nouvelle et touchante expression de sa paternelle bienveillance. C'était la réponse à la lettre par laquelle le fondateur, en son nom et au nom de tous les membres de sa famille religieuse, déposait aux pieds de Sa Sainteté l'expression de la large part prise par chacun d'eux, aux douleurs immeritées du Pontife-Roi.

Donc, au point de vue fondamental de la sanction canonique, l'association de la Sainte-Famille a successivement obtenu et de trois archevêques de Bordeaux et de trois Souverains-Pontifes, au delà même de ce qu'elle aurait pu espérer. A cet égard, elle n'a donc plus qu'à attendre et des enseignements des temps à venir et de la fidélité de ses membres aux vertus de leur vocation, le complément suprême des faveurs qui lui ont été accordées.

Revenons, maintenant, mes Frères, à l'humble habitation dans laquelle nous avons laissé les trois fondatrices, riches des seules ressources de leur confiance en Dieu. J'y trouve dirigeant cette petite communauté une femme au cœur droit, à l'âme généreuse, qui accepte avec joie les privations de tout genre et dont l'énergie douce et calme ne faiblit devant aucun obstacle. Le nom de la Mère Trinité restera, dans les annales de l'association de la Sainte-Famille, béni et vénéré.

Ce n'est point le seul auxiliaire que fournit au fondateur l'estimable famille à laquelle il appartient. Une autre de ses sœurs viendra à son tour offrir son dévouement aux mêmes œuvres. Elle vit encore entourée de l'affection méritée de toutes ses compagnes. Avant elle, un frère plus jeune que le fondateur, et qui le suivit dans le sanctuaire, était venu se joindre à lui. Pendant quarante ans, ces deux âmes ont vécu de la même vie. L'une a fini sa journée terrestre et l'autre la continue, riche des bénédictions de Dieu et entouré de l'amitié et du respect des hommes.

Comment se fait-il, mes Frères, que quarante ans plus

tard, au lieu de trois sœurs réunies dans une pauvre échoppe, nous comptions près de trois cents établissements répandus tant sur le sol de la France que sur ceux de l'Espagne et de la Belgique, et que nous trouvions, marchant sous la même bannière, plus de deux mille religieuses ?

Ce résultat étonnant fut-il voulu à l'avance, fut-il même espéré par le fondateur ? — Sagement inspiré, M. Noailles se contenta de se mettre tout entier à la disposition de la Providence. — Il n'appartient point, en effet, à l'homme d'imposer à Dieu ses projets, alors que toute sa puissance est dans l'assistance de la grâce à l'inspiration de laquelle il doit docilement ouvrir, comme le prophète, son intelligence et son cœur.

C'est animé de ces dispositions que M. Noailles se plaça, l'âme triste et émue, devant les besoins nouveaux et impérieux de l'Eglise de France.

La foi avait faibli dans les cités comme dans les campagnes ; et le clergé séculier, trop peu nombreux d'une part et limité d'une autre dans son action, appelait l'heureux concours des associations religieuses.

Le zèle catholique répondit de toutes parts à cet appel du sacerdoce. La femme surtout, plus docile aux inspirations saintes et plus capable aussi du dévouement qui saisit toutes les heures de la vie, se montra à la hauteur des besoins exceptionnels de notre époque. — On vit, en effet, se multiplier sous des costumes divers et nombreux les sœurs hospitalières et les sœurs institutrices ; et les associations auxquelles elles appartiennent ne tardèrent pas à s'élever à un chiffre consolant, que la prudence et la sagesse font aujourd'hui un devoir de ne pas dépasser.

Puissent ces congrégations dont je proclame la haute utilité ne pas compromettre le succès qui les honore et glorifie la religion ! C'est en persévérant dans les voies de l'humilité et du désintéressement qu'elles continueront à jouir de la confiance et du respect des populations. A ces conditions seules aussi, elles maintiendront leurs droits aux faveurs de l'Eglise.

C'est donc en présence des besoins religieux qui se faisaient vivement sentir dans toutes les classes de la société que M. Noailles se plaça, et c'est, redisons-le, la Providence qui ouvrit à son ardente activité les voies où elle s'est fructueusement exercée.

Elle fut, en effet, bien généreuse, je pourrais dire bien prodigue envers le fondateur cette Providence à laquelle nous ne nous confions jamais en vain ! Quelle tâche en particulier j'aurais à remplir, s'il m'était imposé celle de célébrer, comme elles seraient dignes de l'être, les vertus éclatantes, le savoir élevé et la mâle énergie de plusieurs de ces femmes d'élite que des évènements, expliqués par la seule intervention du ciel, emmenèrent dans le premier cercle d'action de la Sainte-Famille, trop étroit pour répondre aux exigences de leur riche nature.

D'ailleurs, en payant un tribut d'hommages à la mémoire de plusieurs d'entre elles qui ont entendu sonner l'heure de l'éternel repos, je n'échapperais pas au danger de blesser l'humble modestie de celles qui leur survivent et qui sont encore là pour raffermir et perpétuer l'esprit d'obéissance, de renoncement et de zèle qui a produit tout ce que nous louons.

Tant d'œuvres ne se sont certainement pas accomplies sans rencontrer de grandes difficultés et de nombreux obstacles. Je n'ai point à les énumérer. — Qu'il me suffise de dire, en historien consciencieux et en témoin irrécusable, que l'opposition qu'elles ont rencontrée a revêtu, ou sur un point ou sur un autre, tous les caractères possibles de l'hostilité.

Aux traits de la malignité impie s'unirent les poignards empoisonnés de la jalousie et les glaives plus dangereux peut-être de la consciencieuse mais aveugle prévention.

A toute attaque, le fondateur et les membres de sa congrégation ne répondirent jamais que par le silence d'une résignation pieuse, par le pardon et l'oubli des injures, et par plus de générosité dans l'accomplissement de leur mission.

La fermeté de caractère, unie chez M. Noailles à une intelligence élevée, lui fit d'ailleurs éviter bien des contradictions qui auraient entravé ou retardé sa marche; pendant qu'elle l'armait, par avance, contre celles qui étaient inévitables.

Il y a une sagesse bien facile à acquérir et surtout à pratiquer : c'est celle qui, ne consistant que dans les travaux abstraits de l'esprit, se maintient dans les hautes et calmes régions de la théorie. L'homme s'établit alors dans des voies où rien ne peut l'arrêter, lorsque d'un principe posé il marche vers sa dernière conséquence. Mais que ce sage descende un moment pour appliquer ces mêmes principes sur un terrain jusque-là inconnu pour lui ! A son grand étonnement, à sa honte peut-être, il trouve une montagne infranchissable là où son ignorance des faiblesses et des passions humaines ne lui avait pas fait soupçonner même la présence d'un grain de sable.

A ce point de vue éclate le rare talent qui a distingué M. Noailles comme fondateur et administrateur. — En prévoyant les difficultés, il les évitait. — Si vous lui eussiez demandé pourquoi, voulant arriver à tel but, il prenait telle route plutôt que telle autre, il vous eût répondu avec vérité, que sur la route qu'il délaissait était un obstacle caché. Cet obstacle, caché aux regards vulgaires n'échappait pas à sa pénétration claire et prévoyante.

C'est ainsi, mes Frères, que sous l'œil de Dieu, dont elle sollicitait et dont elle recevait l'assistance, la pieuse association de la Sainte-Famille, dirigée énergiquement, prudemment et sagement par le guide que le ciel lui avait donné, allait marchant avec sécurité dans la voie bonne, droite et vraie qui lui était largement ouverte, *Operatus est bonum et rectum et verum coram Domino Deo suo.* Et c'est ainsi qu'elle voyait son zèle pour la maison de Dieu couronné par les plus surprenants succès. *In universâ culturâ Domûs Domini fecit et prosperatus est.*

La pensée de tout fondateur se porte avec une anxiétude légitime vers l'avenir, vers ce temps où sa plume et sa parole ne seront plus là pour dissiper les doutes naissants, raffermir les courages ébranlés et surmonter les difficultés nouvelles.

Trop sage pour échapper à cette préoccupation, Monsieur Noailles conçut le projet de s'associer des prêtres qui, dévoués aux œuvres de la Sainte-Famille, apprendraient, en partageant sa sollicitude, à connaître et l'esprit et les besoins de l'association. C'est parmi ces prêtres auxiliaires qu'aurait été pris celui que les suffrages du conseil supérieur devaient, aux termes des constitutions, appeler à le remplacer comme directeur général.

Toutes les tentatives qu'il fit à cet égard n'aboutirent point; et il aimait à voir, dans la stérilité de ses efforts, la preuve que Dieu ne les approuvait pas.

Ses pensées durent, dès-lors, se tourner du côté des Instituts religieux de prêtres en position, par l'objet de leur zèle et les prescriptions de leur règle, d'accepter et de remplir cette mission.

Des circonstances que Dieu fit naître lui firent, après bien d'infructueuses recherches, arrêter sa pensée sur une congrégation qui a pris naissance dans le cours de ce siècle et qui a été fondée par un des plus éminents évêques de France, évêque dont la pourpre romaine glorifiera la mémoire, alors même qu'il finirait sa longue et honorable carrière sans en revêtir les éclatantes couleurs.

Un traité d'alliance, sanctionné par l'autorité compétente de Son Eminence le Cardinal-Archevêque de Bordeaux, a donc uni la Sainte-Famille à l'Institut des Oblats de Marie-Immaculée, en la personne de leur Supérieur général, qui joindra désormais à ce titre celui de directeur général de cette pieuse association.

Ce n'est point à ce titre seul, mes Frères, que la congrégation des Oblats est la bienvenue dans ce diocèse. Déjà, et depuis plusieurs années, les pèlerins de Talence aiment à en trouver les pères pieux et zélés autour de l'autel de Notre-Dame des Douleurs; tout comme les paroisses de nos campagnes aiment à recueillir les fruits de leur évangéliqne apostolat.

La santé de M. Noailles, quoique soumise dans le temps à une cruelle épreuve, lui permettait de supporter les travaux nombreux auxquels sa sollicitude le conviait chaque jour; lorsque tout à coup, il y a quelques années, sa vie fut gravement menacée.

Le danger d'une mort foudroyante cessa; mais pour faire place aux symptômes de la maladie qui l'a enlevé, après lui avoir fait subir les épreuves d'une douloureuse agonie.

Placé, pendant de longs jours de souffrances, entre la vie qui s'affaiblissait à chaque instant et la mort qui accomplissait son œuvre avec une lenteur cruelle, le vénérable malade ne revenait, après de fréquents évanouissements, qu'à une connaissance momentanée de lui-même et des personnes qui l'entouraient.

C'est dans cette lutte suprême que ses qualités naturelles et ses vertus religieuses se sont manifestées dans un jour plus éclatant. Il ne se faisait point illusion, et cependant la vue de la faux de la mort, suspendue si longtemps avec menace sur sa tête, n'enleva jamais ni le calme à son front, ni la sérénité à son regard, ni l'affabilité à ses lèvres. — Lorsque sa bouche pouvait articuler une parole, cette parole était toujours ou l'expression de la foi qui l'animait ou celle de l'affection dont il conservait pour tous les sentiments les plus vifs.

Les secours de la religion, qui sont tout à la fois une force et une consolation, ne lui ont point manqué. Plusieurs fois il les a demandés au sacrement qui en est la source la plus abondante. A ces consolations communes à tous les enfants de l'Eglise, il vint s'en ajouter une qui porta dans son âme la joie la plus vive. Le Souverain-Pontife, télégraphiquement instruit que ce digne ouvrier de la vigne sainte touchait à la fin de sa vie laborieuse, lui fit parvenir son apostolique bénédiction.

Le terme de souffrances si vives et si prolongées était arrivé. Le 8 février 1861, M. Noailles, entré dans sa 68e année, rendait le dernier soupir, laissant à tous ceux qui l'ont connu l'exemple d'une vie sacerdotale, féconde en œuvres de foi et de charité.

La justice de Dieu a prononcé son irrévocable arrêt. Cet arrêt est bien celui que nous avons appelé de nos prières les plus ferventes, celui que lui garantissait sa fidélité à la loi de Dieu et à la mission qu'il en avait reçue, et celui que sollicitaient aux pieds du trône divin les nombreuses filles de son zèle qui l'avaient précédé dans la céleste patrie.

Gardons-nous cependant de substituer les appréciations de notre cœur aux exigences des décrets divins. Ah ! que plutôt notre affection fasse arriver de notre âme affligée sur nos lèvres suppliantes les paroles dont les voûtes de nos temples retentissent fréquemment aux heures des solennités lugubres.

Requiem æternam dona ei Domine ; et lux perpetua luceat ei.

Mon Dieu ! accordez à votre serviteur le repos qu'appellent tant de travaux entrepris et exécutés pour votre gloire, ce repos qui, en vous et par la possession de vous-même, n'est plus soumis aux vicissitudes des temps. —
Requiem æternam dona ei Domine.

Que les rayons de votre lumière remplacent, pour celui qui a cru en vous et en votre Eglise, la clarté des feux purifiants. Déchirez, s'il existe encore, le voile qui lui dérobe vos splendeurs éternelles. *Et lux perpetua luceat ei.*

Mes chers Frères, la tâche qui m'était imposée est remplie. Permettez-moi de protéger de nouveau, contre la juste sévérité de vos jugements, l'insuffisance de mes paroles par le sentiment qui les a inspirées. D'autres voix se sont unies à ma voix; que n'ai-je pu me contenter d'en être l'écho! que ne m'a-t-il été, en particulier, possible de vous faire connaître les jugements que plusieurs de NN. SS. les évêques de France ont porté sur ce vénérable serviteur de Dieu, en faisant parvenir à des filles désolées, avec l'expression de leur personnelle douleur, celle de la respectueuse et vive affection qu'ils portaient à leur père bien-aimé.

La Belgique, l'Espagne ont eu aussi des échos pour nos gémissements; la catholique Espagne surtout, dont l'auguste souveraine avait voulu témoigner de sa royale gratitude en nommant celui qui en est l'objet commandeur d'un de ses ordres; faveur que Sa Majesté relevait par des paroles qui à elles seules sont un éloge, par ce qu'elles sont vraies : *Rien de plus juste et de mieux mérité.*

Je n'ai plus qu'un mot à dire, et ce mot je vous le dois, Mesdames, à vous qui êtes en J. M. J. les filles du vénérable prêtre dont je viens de retracer la vie.

Il n'est plus au milieu de vous, celui que vous appeliez votre bon père. Mais s'il n'est plus sous votre regard matériel, si votre oreille ne peut plus recueillir de sa bouche les conseils et les encouragements que vous aimiez à en recevoir, il n'en vit pas moins dans vos respectueux et reconnaissants souvenirs. Tout continuera dans vos œuvres à vous en dire la sagesse, le zèle et le dévouement. — C'est un héritage qui ne périra pas sous la double sauvegarde de votre piété et de votre gratitude, héritage que vous transmettrez fidèlement aux générations de la Sainte-Famille qui vous succèderont et qui, à leur tour, le proclameront leur bon père.

C'est ainsi que cette qualification restera à jamais dans la Sainte-Famille comme l'expression du zèle de son fondateur et celle de la respectueuse reconnaissance de ses membres.

En continuant à vous inspirer de son esprit, vous vous maintiendrez, mes très honorées et chères Sœurs, dans les voies de la bonté, de la droiture et de la vérité ; vous vous assurerez d'une manière permanente les bénédictions du ciel, et vous conserverez à votre association l'estime qu'elle a légitimement acquise.

Plus tard, une voix amie, comme celle que vous venez d'entendre, célébrant vos nouveaux succès, dira de vous ce que, rendant témoignage à la vérité et à la justice, j'ai dit de votre vénérable fondateur :

Operatus est bonum et rectum et verum coram Domino Deo suo; in universâ culturâ Domûs Domini fecit et prosperatus est.

www.ingramcontent.com/pod-product-compliance
Lightning Source LLC
Chambersburg PA
CBHW070716050426
42451CB00008B/673